BEI GRIN MACHT SICH IHR WISSEN BEZAHLT

- Wir veröffentlichen Ihre Hausarbeit,
  Bachelor- und Masterarbeit

- Ihr eigenes eBook und Buch -
  weltweit in allen wichtigen Shops

- Verdienen Sie an jedem Verkauf

Jetzt bei www.GRIN.com hochladen und kostenlos publizieren

Bibliografische Information der Deutschen Nationalbibliothek:

Die Deutsche Bibliothek verzeichnet diese Publikation in der Deutschen National-
bibliografie; detaillierte bibliografische Daten sind im Internet über http://dnb.d-
nb.de/ abrufbar.

Impressum:

Copyright © 2017 GRIN Verlag, Open Publishing GmbH
Druck und Bindung: Books on Demand GmbH, Norderstedt Germany
ISBN: 9783668489073

Dieses Buch bei GRIN:

http://www.grin.com/de/e-book/370055/beweglichkeits-und-koordinationstraining-
eine-trainingsplanung

Paolo Keßler

Beweglichkeits- und Koordinationstraining. Eine Trainingsplanung

GRIN Verlag

GRIN - Your knowledge has value

Der GRIN Verlag publiziert seit 1998 wissenschaftliche Arbeiten von Studenten, Hochschullehrern und anderen Akademikern als eBook und gedrucktes Buch. Die Verlagswebsite www.grin.com ist die ideale Plattform zur Veröffentlichung von Hausarbeiten, Abschlussarbeiten, wissenschaftlichen Aufsätzen, Dissertationen und Fachbüchern.

Besuchen Sie uns im Internet:

http://www.grin.com/

http://www.facebook.com/grincom

http://www.twitter.com/grin_com

Deutsche Hochschule für

Prävention und Gesundheitsmanagement

Hermann Neuberger Sportschule 3

66123 Saarbrücken

Einsendeaufgabe

Fachmodul:	Trainingslehre III
Studiengang:	BFÖ
Datum Präsenzphase:	24.04. – 26.04.17
Studienort:	**Berlin**
Semester:	**SS15**

Inhaltsverzeichnis

1 Teilaufgabe 1 – Personendaten

In der nachfolgenden Tabelle sind die allgemeinen Daten von Max Muskelmann aufgelistet.

Tabelle 1: Allgemeine Daten von Max Muskelmann

Alter	24 Jahre
Geschlecht	Männlich
Körpergröße	1,82 cm
Körpergewicht	83 kg
Trainingsmotive	Sicherung der Beweglichkeit und Verbesserung der spezifischen sportlichen Leistung
Berufliche Tätigkeit	Student
Aktuelle und frühere sportliche Aktivitäten	Derzeit 3x die Woche Krafttraining (Ganzkörpertraining) á 90 min
Leistungsstufe	Fortgeschrittene Leistungsstufe, da er schon > 12 Monate trainiert (Eifler, 2000, 2013; Strack & Eifler, 2005)
Zeitlicher Verfügungsrahmen	3x die Woche á 45 min für ein Dehntraining 3x die Woche á 45 min für ein Gleichgewichtstraining
Blutdruck	125/82 mmHg
Ruhepuls	74 S/min
BMI	26,1
Körperfettanteil	24 %
Orthopädische Probleme	Keine
Internistische Probleme	Keine
Ärztliche Behandlung	Keine
Einnahme von Medikamenten	Keine
Sonstige gesundheitliche Einschränkungen	keine

Anhand der gesammelten Daten ist Max Muskelmann in einer gesunden Verfassung. Sein Blutdruck ist als normal einzustufen, da er <139/<85 mmHg ist (vgl. ACSM). Der Ruhepuls von Herrn Muskelmann ist ebenfalls als normal einzustufen, weil sich dieser zwischen 60-80 S/min befindet (vgl. ACSM). Der Parameter „BMI" von 26,1 ist Herr Muskelmann als Übergewichtig einzustufen, da er sich zwischen 25 und 29,9 befindet (World Health Organization, 2017), welches sich aber auf seine erhöhte Fettfreie Masse zurückführen lässt. Mit einem Körperfettanteil von 24 % ist Herr Muskelmann wiederum als normal, weil er sich mit seinen 24 Jahren zwischen 21-33 % Körperfett befinden darf, um als normal klassifiziert zu werden (Gallagher et. al., 2000). Anhand dieser Daten ist Max Muskelmann als gesund einzustufen, demnach ist seine Trainierbarkeit als voll belastbar einzustufen.

2   Teilaufgabe 2 – Beweglichkeitstestung

Nachdem wir die Daten von Herrn Muskelmann gesammelt haben, führen wir mit ihm einen Beweglichkeitstest nach Janda (2000) durch. Die Tabelle 2 zeigt den Beweglichkeitstest nach Janda (2000) mit den Ergebnissen von Herrn Muskelmann.

Tabelle 2: Beweglichkeitstest nach Janda (2000) mit den Ergebnissen von Herrn Muskelmann

Testübung	Ausführung	Bewertung	Ergebnis Muskelmann
M. pectoralis major (Tillmann, 2016, S.606)	Testausführung (nach Janda, 2000, S. 270):	Testauswertung (nach Janda, 2000, S.271):	Rechts = Stufe 0 Links = Stufe 0
	Der Proband liegt mit dem Rücken auf der Behandlungsliege. Die Beine werden angewinkelt und die Füße haben Kontakt mit der Liege. Der zu testende Arm wird im Schultergelenk 90° abduziert und nach außen rotiert. Das Ellenbogengelenk wird um 90° gebeugt. Als Messbereich gilt die Position des Oberarmes zur Horizontalen. Im Anschluss wird der gleiche Prozess mit dem anderem Arm gemacht.	Stufe 0 = Oberarm erreicht Horizontale Stufe 1 = Oberarm erreicht Horizontale durch Druck des Testers Stufe 2 = Oberarm erreicht Horizontale auch durch Druck des Testers nicht	
Mm. Ischiocrurales – bestehend aus : m. biceps femoris, m. semitendinosus und m. semimembranosus (Tillmann, 2016, S. 628)	Testausführung (nach Janda, 2000, S.261):	Testauswertung (nach Janda, 2000, S.262):	Rechts = Stufe 0 Links = Stufe 0
	Der Proband liegt mit dem Rücken auf der Behandlungsliege. Das nicht zu testende Bein ist im Hüft- und Kniegelenk gebeugt und der Fuß hat Kontakt mit der Auflagefläche. Das zu testende Bein hat im Kniegelenk eine maximale Extension und vom Tester in die maximal mögliche Hüftflexion geführt. Als Messbereich gilt der Winkel zwischen Beinachse und Logitudinalachse (Hüftbeugewinkel)	Stufe 0 = Hüftflexion im Ausmaß von 90° möglich Stufe 1 = Hüftflexion im Ausmaß zwischen 80-90° möglich Stufe 2 = Hüftflexion nur unter 80° möglich	
Mm. triceps surae – bestehend aus: m. soleus, m. gastrocnemius, m. plantaris (Tillmann, 2016, S. 632)	Testausführung (nach Janda, 2000, S.255):	Testauswertung (nach Janda, 2000, S.255):	Rechts = Stufe 0 Links = Stufe 0
	Der Proband liegt mit dem Rücken auf der Behandlungsliege. Das nicht getestete Bein ist angewinkelt und der Fuß hat Kontakt mit der Liege. Das zu testende Bein hat im Kniegelenk eine maximale Extension. Die distale Hälfte des Unterschenkels ragt über das Ende der Liege hinaus. Mit einer Hand greift der Tester das Bein distal am Fernsenbein. Mit der anderen Hand ergreift er den Fuß von der Fußaußenkante her. Der Tester übt einen Hauptzug an der Ferse aus und zieht distalwärts. Der Daumen der anderen Hand lenkt dem Vorfuß mit leichtem achsengerechten Druck zum Schienbein hin	Stufe 0 = Dorsalextension bis 0° möglich Stufe 1 = Dorsalextension möglich; 0° wird nicht ganz erreicht Stufe 2 = Dorsalextension nur bis 10° unter 0°-Stellung möglich	

Testübung	Ausführung	Bewertung	Ergebnis Muskelmann
	(maximale Dorsalextension)		
M. iliopsoas (Tillmann, 2016, S. 622)	Testausführung (nach Janda, 2000, S.258): Der Proband liegt mit dem Rücken auf der Behandlungsliege. Das Gesäß liegt direkt am Ende der Liege. Die Beine sind im Überhang. Der Proband zieht eines seiner Beine maximal weit zum Körper heran (der Tester kann den Probanden dabei helfen). Das andere Bein, welches nicht angezogen wurde, bleibt im Überhang. Der Tester beobachtet die Hüftflexion des freien Beines. Als Messbereich gilt die Position des Oberschenkels im Verhältnis zur Körperlängsachse (Hüftbeugewinkel)	Testauswertung (nach Janda, 2000, S.259): Stufe 0 = Oberschenkel erreicht Horizontale Stufe 1 = Oberschenkel erreicht Horizontale durch Druck des Testers Stufe 2 = Oberschenkel erreicht Horizontale auch durch Druck des Testers nicht	Rechts = Stufe 0 Links = Stufe 0
m. rectus femoris (Tillmann, 2016, S 628)	Testausführung (nach Janda, 2000, S.258): Der Proband liegt mit dem Rücken auf der Behandlungsliege. Das Gesäß liegt direkt am Ende der Liege. Die Beine sind im Überhang. Liege. Die Beine sind im Überhang. Der Proband zieht eines seiner Beine maximal weit zum Körper heran. Das andere Bein, welches nicht angezogen wurde, bleibt im Überhang und wird durch den Tester im maximal möglichen Hüftextensionswinkel fixiert. Dieses Bein wird nun im Kniegelenk durch den Tester maximal möglich gebeugt. Als Messbereich gilt der Winkel zwischen Ober- und Unterschenkel (Kniebeugewinkel)	Testauswertung (nach Janda, 2000, S.259): Stufe 0 = Unterschenkel hängt senkrecht herab Stufe 1 = Unterschenkel erreicht 90° im Kniegelenk durch Druck des Testers Stufe 2 = Unterschenkel erreicht 90° im Kniegelenk auch durch Druck des Testers nicht	Rechts = Stufe 0 Links = Stufe 0

Nach dem Beweglichkeitstest von Janda (2000) besteht für Herrn Muskelmann eine volle Beweglichkeit, da er in jeder Testübung die Stufe 0 erreicht hat.

3 Teilaufgabe 3 – Trainingsplanung Beweglichkeitstraining

Die nachfolgende Tabelle stellt ein Beweglichkeitstraining im Sinne eines Dehntrainings für Herrn Muskelmann dar. Die Neutral-Null-Stellung in der Tabelle, stellt die Position dar, in der unsere Gelenke eine 0 Grad Stellung haben, wie der neutrale Stand, die neutrale Rückenlage und die neutrale Bauchlage.

Tabelle 3: Dehntrainingsprogramm für Herrn Muskelmann

Übung	Zielmuskulatur	Gelenke	Ausführung	Dehnmethode
Dehnung der Nackenmuskulatur im Stand	M. trapezius pars descendens (Tillmann, 2016, S.600)	Schultergürtel (Tillmann, 2016, S.396)	Die Ausgangsposition zur Dehnung der Nackenmuskulatur ist die Neutral-Null-Stellung.	Aktiv-Statisch
			Der Kopf macht eine maximale lateraleflexion zur Seite. Der Blick ist nach vorne gerichtet.	
			Die Dehnposition wird eingenommen, indem die zum maximal lateralflexierten Kopf gegenüberliegende Schulter aktiv nach unten gezogen wird.	
			Diese Position wird statisch gehalten. Danach wird die Position wieder verlassen und das gleiche wird mit der anderen Seite gemacht.	
Dehnung der hinteren Schultermuskulatur im Stand	M. deltoideus pars spinata (Tillmann, 2016, S.605) M. trapezius (Tillmann, 2016, S. 600) Mm. Rhomboidei (Tillmann, 2016, S. 600)	Schultergelenk (Tillmann, 2016, S. 396)	Die Ausgangsposition zur Dehnung der hinteren Schultermuskulatur ist die Neutral-Null-Stellung	Passiv-statisch
			Aus der Neutral-Null-Stellung macht das Ellenbogengelenk, der zu dehnenden Seite, eine 90° Flexion, das Schultergelenk eine 90° Anteversion und eine ca. 90° Innenrotation. Von dieser Position aus wandert der anteversierte Arm über die gegenüberliegende Schulter.	
			Die Dehnposition, der dehnenden Seite, wird eingenommen, indem die Hand des freien Armes auf den Ellenbogen des anteversierten Armes gelegt und Druck ausgeübt wird.	
			Diese Position wird statisch gehalten. Danach wird die Position wieder verlassen und das gleiche wird mit der anderen Seite gemacht.	
Dehnung der Brustmuskulatur im Stand an der Wand	M. pectoralis major (Tillmann, 2016, S. 606)	Schultergelenk (Tillmann, 2016, S. 396)	Die Ausgangsposition zur Dehnung Brustmuskulatur ist die Neutral-Null-Stellung.	Aktiv-statisch
			Aus der Neutral-Null-Stellung machen die Ellenbogengelenke eine 90° Flexion, die Schultergelenke eine 90° Abduktion und eine maximale Außenrotation.	
			Die Dehnposition wird eingenommen, indem die antagonistisch wirkende Muskulatur die Arme nach hinten bewegt.	
			Diese Position wird statisch gehalten. Danach wird die Position verlassen.	

Dehnung der rückseitigen Oberarmmuskulatur im Stand	m. triceps brachii (Tillmann, 2016, S. 609)	Ellenbogengelenk (Tillmann, 2016, S. 400)	Die Ausgangsposition zur Dehnung der rückseitigen Oberarmmuskulatur ist die Neutral-Null-Stellung. Aus der Neutral-Null-Stellung macht das Ellenbogengelenke, der zu dehnenden Seite, eine maximale Flexion und das Schultergelenk eine maximale Anteversion. Die Dehnposition, für die zu dehnende Seite wird eingenommen, indem mit dem freien Arm eine verstärkte Anteversion durch Drücken am Ellenbogen gemacht wird. Die Position wird statisch gehalten. Danach wird die Position wieder verlassen und das gleiche wird mit der anderen Seite gemacht.	Passiv-Statisch
Dehnung der vorderseitigen Oberschenkel Muskulatur im Stand	m. quadriceps femoris (Tillmann, 2016, S. 636)	Kniegelenk (Tillmann, 2016, S. 478)	Die Ausgangsposition zur Dehnung der der vorderseitigen Oberschenkelmuskulatur ist die Neutral-Null-Stellung Aus der Neutral-Null-Stellung macht das Kniegelenk, der zu dehnenden Seite, eine maximale Flexion Die Dehnposition, der zu dehnenden Seite, wird eingenommen, indem die gleichseitige Hand eine Verstärkte Flexion hervorruft und das Becken leicht nach vorne gekippt wird. Die Position wird statisch gehalten. Danach wird die Position wieder verlassen und das gleiche wird mit der anderen Seite gemacht.	Passiv-statisch
Dehnung der Wadenmuskulatur im Stand	m. gastrocnemius (Tillmann, 2016, S. 632) m. soleus (Tillmann, 2016, S. 632)	Sprunggelenk (Tillmann, 2016, S. 485)	Die Ausgangsposition zur Dehnung der rückseitigen Oberarmmuskulatur ist die Neutral-Null-Stellung. Aus der Neutral-Null-Stellung macht das zu dehnende Bein mit einer maximalen Extension im Kniegelenk nach hinten gestellt. Der Fuß dieses Beines hat dabei permanent Bodenkontakt. Das nicht zu dehnende Bein und der Oberkörper machen eine leichte Flexion nach vorne. Der Oberkörper und der Oberschenkel des zu dehnenden Beines sind in der horizontalen Linie. Die Zehen beider Füße zeigen parallel nach vorne. Die Dehnposition wird eingenommen, indem eine verstärkte Flexion im Kniegelenk, des nicht zu dehnenden Beines, der Körperschwerpunkt vertikal nach vorne unten verlagert wird und dadurch das zu dehnende Bein eine größere Dorsalextension hat. Die Position wird statisch gehalten. Danach wird die Position wieder verlassen und das gleiche wird mit der anderen Seite gemacht.	Passiv-statisch

Übung	Zielmuskulatur	Gelenke	Ausführung	Dehnmethode
Dehnung der Hüftbeugemuskulatur im Kniestand	m. iliopsoas (Tillmann, 2016, S. 622) m. rectus femoris (Tillmann, 2016, S 628)	Hüftgelenk (Tillmann, 2016, S. 474)	Die Ausgangsposition zur Dehnung der Hüftbeugemuskulatur ist der Kniestand. Aus dem Kniestand wird das Bein, der nicht zu dehnenden Seite, mit einer Flexion im Kniegelenk auf den ganzen Fuß aufgestellt, sodass der Fuß vor dem Knie steht. Das Bein, der zu dehnenden Seite, liegt permanent mit dem Kniegelenk und kompletten Unterschenkel auf dem Boden. Beide Hände werden auf dem nicht zu dehnendem Bein gelegt, um den Oberkörper zu stützen. Die Dehnposition wird eingenommen, indem das Hüftgelenk eine maximale Flexion macht und somit der Körperschwerpunkt nach vorne unten verlagert wird. Während der Bewegung bleibt der Oberkörper permanent aufrecht. Bei der postisometrischen Dehnung macht das Hüftgelenk noch keine Flexion im maximalen Bereich, sondern nur soweit, wie ein leichter Dehnreiz zu spüren ist. Danach wird die zu dehnende Muskulatur isometrisch Kontrahiert. Direkt im Anschluss nach der isometrischen Kontraktion der Muskulatur macht das Hüftgelenk eine Extension, damit der sich die zu dehnende Muskulatur völlig entspannt. Danach macht das Hüftgelenk eine maximale Flexion, um einen weitaus spürbareren Dehnreiz zu bekommen. Der Wechsel zwischen isometrischer Kontraktion und Dehnuung wird im Wechsel wiederholt. Danach wird die Position wieder verlassen und das gleiche wird mit der anderen Seite gemacht.	postisometrisch
Dehnung der Rückenstrecker im Vierfüßlerstand	Mm. erector spinae (Tillmann, 2016, S. 586-593)	Wirbelsäule (Tillmann, 2016, S.190)	Die Ausgangsposition zur Dehnung der Rückenstrecker ist der Vierfüßlerstand. Die Dehnposition wird eingenommen, indem die Bauchmuskulatur aktiv maximal kontrahiert wird. Somit wölbt sich die Wirbelsäule nach oben und es kommt zur Dehnung der Rückenstrecker. Bei der dynamischen Durchführung der Dehnung wird im Wechsel die Bauchmuskulatur entspannt und die Wirbelsäule nach unten hin gestreckt. Danach wird die Bauchmuskulatur wieder aktiv kontrahiert. Danach wird die Position wieder verlassen.	Aktiv-dynamisch

8

Übung	Zielmuskulatur	Gelenke	Ausführung	Dehnmethode
Dehnung der Bauchmuskulatur in Bauchlage	m. rectus abdominis (Tillmann, 2016, S. 579)	Wirbelsäule (Tillmann, 2016, S.190)	Die Ausgangsposition zur Dehnung der Bauchmuskulatur ist die Bauchlagen-Neutral-Null-Stellung

Aus der Bauchlagen-Neutral-Null-Stellung werden die Hände auf Schulterhöhe mit der Handfläche auf den Boden platziert.

Die Dehnposition wird eingenommen, indem nun die Ellenbogengelenke eine maximale Extension machen. Das Hüftgelenk bleibt während der gesamten Dehnung am Boden, sodass eine maximale Extension in der Wirbelsäule entsteht.

Die Position wird statisch gehalten. Danach wird die Position wieder verlassen. | Passiv-statisch |
| Dehnung der rückseitigen Oberschenkelmuskulatur in der Rückenlage | Mm. Ischiocrurales – bestehend aus : m. biceps femoris, m. semitendinosus und m. semimembranosus (Tillmann, 2016, S. 628) | Kniegelenk (Tillmann, 2016, S. 478) | Die Ausgangsposition zur Dehnung der rückseitigen Oberschenkelmuskulatur ist die Rückenlagen-Neutral-Null-Stellung

Aus der Rückenlagen-Neutral-Null-Stellung macht das Kniegelenk, der zu dehnenden Seite, eine maximale Extension und das Hüftgelenk eine maximale Flexion. Beide Hände greifen an der Rückseite des flexierten Oberschenkels. Das nicht zu dehnende Bein ist im Hüft- und Kniegelenk gebeugt und der Fuß hat Kontakt mit der Auflagefläche.

Die Dehnposition, der zu dehnenden Seite, wird eingenommen, indem beide Hände eine verstärke Flexion im Hüftgelenk durch Zug ausüben.

Bei der dynamischen Durchführung der Dehnung wird das zu dehnende Bein langsam vom Zug gelöst und anschließend wieder mit Zug gedehnt.

Danach wird die Position wieder verlassen und das gleiche wird mit der anderen Seite gemacht. | Passiv-dynamisch |

Das zum Dehntrainingsprogramm zugehörige Belastungsgefüge wird in Tabelle 4 dargestellt und im Anschluss begründet.

Tabelle 4: Belastungsgefüge für das Dehntrainingsprogramm für Herrn Muskelmann

Trainingshäufigkeit pro Woche	Sätze Pro Übung	Dehndauer		Intensität
3x pro Woche	4 Sätze pro Dehnübung	Statisches Dehnen: 45 Sekunden

Dynamisches Dehnen: 10 Wiederholungen in 45 Sekunden

Post-isometrisches Dehnen: isometrische Kontrahierungsphase (8 Sekunden), Entspannungsphase (2 Sekunden), statische Dehnungsphase (20 Sekunden). Die Dehnung und die isometrische Kontraktion werden innerhalb von ca. 60 Sekunden im Wechsel wiederholt | | Maximale Bewegungsreichweite: Gelenkwinkel bei maximal tolerierbarem Dehnschmerz |

9

In der sportwissenschaftlichen Literatur gibt es leider keine Einheitlichkeit über das Belastungsgefüge eines Dehntrainings. Trotz der fehlenden Einheitlichkeit lassen sich einige Aussagen über das Belastungsgefüge machen (Schönthaler & Ohlendorf, 2002): Für das Dehntrainingsprogramm wurde eine Dehndauer von 45 Sekunden bestimmt, da diese Dauer laut der Literatur zur gezielten Verbesserung der Beweglichkeit führt und eine längere Dehndauer keinen Mehreffekt mit sich bringt. Diese Dehndauer wird sowohl bei der statischen, als auch bei der dynamischen Dehnung verwendet. Hinzu kommt bei der dynamischen Dehnung, dass man nur maximal 10 Wiederholungen innerhalb der 45 Sekunden macht, da weitere Wiederholungen keine weiteren nennenswerte Steigerungen der Bewegungsreichweite mit sich bringt (Glück, 2005). Bei dem postisometrischen Dehnen wurde in der isometrischen Kontraktionsphase eine Zahl zwischen 6 und 10 Sekunden, bei der Entspannungsphase eine Zahl zwischen 2 und 3 Sekunden, und bei der Dehnungsphase eine Zahl zwischen 10 und 20 Sekunden gewählt, da diese die besten Erkenntnisse mit sich brachten (Hohmann, Lames & Letzelter, 2002, S. 100; Sölveborn, 1983, S. 13). Die Dehnung und die isometrische Kontraktion werden innerhalb von ca. 60 Sekunden im Wechsel wiederholt. Die Häufigkeit wurde auf drei Tage die Woche gesetzt. Ein tägliches Training wäre zwar möglich, jedoch hat Herr Muskelmann nur einen Verfügungsrahmen von drei Tagen die Woche (siehe Tab. 1). Somit kann Herr Muskelmann mit drei Tagen Dehnungstraining seine Beweglichkeit sichern, die er als Trainingsmotiv angegeben hatte (Rancour, Holmes& Capriani, 2009). Pro Übung wurden vier Sätze gewählt, da eine höhere Satzanzahl nicht notwendig ist, bzw. auf nicht mehr in den Verfügungsrahmen von Herrn Muskelmann passt, da dieser nicht mehr als 45 min für ein Dehntraining investieren kann und mit dem Belastungsgefüge von Tab. 4 schon bei 41 min ist, wenn wir davon ausgehen das eine Pause zwischen den Sätzen und den Übungen 15 Sekunden lang ist ([4 Sätze × 45 Sekunden Reizdauer × 9 Übungen] + ([4 Sätze × 60 Sekunden Reizdauer × 1 Übung] +([4 Sätze × 15 Sekunden Reizdichte × 10 Übung] = 41 Minuten). Bei der Intensität des Dehntrainingsprogramms bekam Herr Muskelmann eine maximale Bewegungsreichweite, da diese den größten Effekt hat für eine Verbesserung der Bewegungsamplitude.

Mit dem Beweglichkeitstest von Janda (2000) wurde herausgefunden, dass Herr Muskelmann keine Beweglichkeitsdefizite aufwies. Somit wurde kein Schwerpunkt für das Dehntrainingsprogramm gesetzt, weswegen ein Ganzkörperdehnungsprogramm für Herrn Muskelmann konzipiert wurde, welches sich nach der Empfehlung von der American College of Sports Medicine richtet. Die ASCM (2011, S. 1344) empfiehlt Übungen für die Schulter, die Brust, dem Nacken, dem Rumpf, dem unteren Rücken, der Hüfte, der vordere und der hintere Oberschenkelmuskulatur und der Unterschenkelmuskulatur in ein Dehntraining mit einzubauen.

4 Teilaufgabe 4 – Trainingsplanung Koordinationstraining

In Tabelle 5wird ein Koordinationstraining im Sinne eines Gleichgewichtstrainings für Herrn Muskelmann dargestellt. Das Bosu® liegt dabei mit der flachen Seite auf dem Boden.

Tabelle 5: Gleichgewichtstrainingsprogramm mit dem Bosu® für Herrn Muskelmann

Übung	Durchführung
Stand auf dem Bosu®	Die Ausgangsposition der Übung ist die Neutral-Null-Stellung auf dem Bosu®.
	Die Endposition bleibt die Neutral-Null-Stellung auf dem Bosu® und es wird versucht das Gleichgewicht zu halten. Diese Position wird gehalten.
Stand auf dem Bosu® mit geschlossenen Augen	Die Ausgangsposition der Übung ist die Neutral-Null-Stellung auf dem Bosu®. Zusätzlich werden die Augen geschlossen.
	Die Endposition bleibt die Neutral-Null-Stellung auf dem Bosu® mit geschlossenen Augen. Diese Position wird gehalten.
Einbeiniger Stand auf dem Bosu®	Die Ausgangsposition der Übung ist die Neutral-Null-Stellung auf dem Bosu®.
	Die Endposition wird erreicht indem, aus der Neutral-Null-Stellung das rechte Hüft- und Kniegelenk eine leichte Flexion machen, sodass sich der rechte Fuß von der Auflagefläche löst. Die Arme können im Schultergelenk leicht abduziert werden zum Ausbalancieren. Diese Position wird gehalten.
	Danach wird das gleiche mit dem anderen Bein gemacht.
Einbeiniger Stand auf dem Bosu® mit geschlossenen Augen	Die Ausgangsposition der Übung ist die Neutral-Null-Stellung auf dem Bosu®. Zusätzlich werden die Augen geschlossen.
	Die Endposition wird erreicht indem, aus der Neutral-Null-Stellung das rechte Hüft- und Kniegelenk eine leichte Flexion machen, sodass sich der rechte Fuß von der Auflagefläche löst. Die Arme können im Schultergelenk leicht abduziert werden zum Ausbalancieren. Diese Position wird gehalten.
	Danach wird das gleiche mit dem anderen Bein gemacht.
Kniebeuge auf dem Bosu®	Die Ausgangsposition der Übung ist ein über hüftbreiter Stand auf dem Bosu®, wo die Beine im Hüftgelenk gerade bis leicht außenrotiert aufgestellt sind.
	Die Endposition wird erreicht, indem aus dem über hüftbreiten Stand die Kniegelenke eine maximale Flexion machen, wobei das Gesäß nach hinten geschoben wird. Die Kniegelenke zeigen dabei in dieselbe Richtung wie die Zehenspitzen.
Kniebeuge auf dem Bosu® mit geschlossenen Augen	Die Ausgangsposition der Übung ist ein über hüftbreiter Stand auf dem Bosu®, wo die Beine im Hüftgelenk gerade bis leicht außenrotiert aufgestellt sind. Zusätzlich werden die Augen geschlossen.
	Die Endposition wird erreicht, indem aus dem über hüftbreiten Stand die Kniegelenke eine maximale Flexion machen, wobei das Gesäß nach hinten geschoben wird. Die Kniegelenke zeigen dabei in dieselbe Richtung wie die Zehenspitzen.
Einbeinstand auf dem Bosu® mit Verlagerung des Spielbeins und des Oberkörpers in die Horizontale	Die Ausgangsposition der Übung ist die Neutral-Null-Stellung auf dem Bosu®.
	Die Endposition wird erreicht, indem sich das der rechte Fuß von der Auflagefläche des Bosu® löst, das Hüftgelenke eine 90° Flexion und das rechte Bein gleichzeitig eine maximale Extension macht. Somit werden der Oberkörper und das rechte Bein in die Horizontale verlagert. Diese Position wird gehalten.
	Danach wird das gleiche mit dem anderen Bein gemacht.

Übung	Durchführung
Einbeinstand auf dem Bosu® mit Verlagerung des Spielbeins und des Oberkörpers in die Horizontale samt verschlossenen Augen	Die Ausgangsposition der Übung ist die Neutral-Null-Stellung auf dem Bosu®. Zusätzlich werden die Augen geschlossen. Die Endposition wird erreicht, indem sich das der rechte Fuß von der Auflagefläche des Bosu® löst, das Hüftgelenke eine 90° Flexion und das rechte Bein gleichzeitig eine maximale Extension macht. Somit werden der Oberkörper und das rechte Bein in die Horizontale verlagert. Diese Position wird gehalten. Danach wird das gleiche mit dem anderen Bein gemacht.
Einbeinstand auf dem Bosu® mit Verlagerung des Spielbeins und des Oberkörpers in die Horizontale, samt fangen eines Balls	Die Ausgangsposition der Übung ist die Neutral-Null-Stellung auf dem Bosu®. Die Endposition wird erreicht, indem sich das der rechte Fuß von der Auflagefläche des Bosu® löst, das Hüftgelenke eine 90° Flexion und das rechte Bein gleichzeitig eine maximale Extension macht. Somit werden der Oberkörper und das rechte Bein in die Horizontale verlagert. Diese Position wird gehalten. Zusätzlich wird Herrn Muskelmann jetzt ein Ball von einer Person zugeworfen, den er jetzt mit seinen Händen fangen muss. Danach wird das gleiche mit dem anderen Bein gemacht.

In der nachfolgenden Tabelle wird das Belastungsgefüge für das Gleichgewichtstrainingsprogramm auf dem Bosu® für Herrn Muskelmann beschrieben und im Anschluss begründet.

Tabelle 6: Belastungsgefüge für das Gleichgewichtstrainingsprogramm für Herrn Muskelmann

Trainingshäufigkeit pro Woche	Sätze Pro Übung	Satzpausen	Belastungsdauer
3 x pro Woche	5 Sätze	30 Sekunden	20 Sekunden

Das Ziel dieser Trainingsplanung war die Schulung des Gleichgewichtes von Herrn Muskelmann. Die Trainingslpanung ist eine methodische Übungsreihe, welche die methodisch-didaktischen Prinzipien (vom leichten zum schweren, vom bekannten zum unbekannten, vom einfachen zum komplexen) in sich trägt. Somit wurde mit Steigerungsmöglichkeiten gearbeitet (Kempf, 2014, S. 397): von großer zu kleiner Auflagefläche (Stand → Einbeinstand), von viel zu wenig Informationsaufnahme (Augen auf → Augen zu, viel Kontrolle → wenig Kontrolle), von Statik zu Dynamik, von symmetrischen zu asymmetrischen Bewegungen und von wenig komplexen zu sehr komplexen Bewegungen Beinbewegung in eine Richtung → Beinbewegungen in unterschiedliche Richtungen, Kombination mit Armbewegungen etc.).

Derzeit existieren keine gesicherten wissenschaftlichen Erkenntnisse zur optimalen Belastungsgestaltung eines Koordinationstraining im Sinne eines Gleichgewichtstrainings (Garber et al. 2011; Granacher et al. 2010). Doch lassen sich durch die vorhandene Studienlage und der aktuellen Empfehlung des American Collage of Sports Medicine (ACSM) grundsätzliche Empfehlung zur Belastungssteuerung ableiten (Chodzko-Zajko et. al 2009; Garber et al. 2011; Granacher et al. 2010):

Reizdauer (20-40 Sekunden), Reizdichte (20-40 Sekunden zwischen den Sätzen bzw 30 Sekunden bis 5 Minuten zwischen den Übungen), Reizumfang (2-10 Übungen mit 1-10 Wiederholungen), Trainingshäufigkeit (2-bis 3-mal pro Woche), Dauer einer Trainingseinheit (15-45 Minuten), Reizintensität (individuell fordernd). Somit erhielt Herr Muskelmann eine Trainingshäufigkeit von 3-mal pro Woche, da er nur an 3 Tagen ein Gleichgewichtstraining von seinem Verfügungsrahmen her absolvieren kann. Für die Satzpause wurden die 30 Sekunden gewählt, damit er sich nach jedem Satz, noch einmal Die Belastungsdauer wurde auf 20 Sekunden gesetzt, damit bei den Einbeinigen Übungen auf der instabilen Unterlage (Bosu®) kein Abfall der Muskelaktivität vorherrscht (Dohm-Acker et al. 2008). Hinzu kam noch die empfohlene Satzanzahl von Morat (2014), welche er mit 3-8 Sätze pro Übung in einem Koordinationstraining angibt. Hier bekam Herr Muskelmann 4 Sätze, da er für eine Koordinationstrainingseinheit nur 45 min Zeit hat laut seinem Verfügungsrahmen (siehe Tab. 1). Mit diesem Gleichgewichtstrainingsprogramm und dem dazugehörigen Belastungsgefüge benötigt Herr Muskelmann knapp 42 min ([5 Sätze × 20 Sekunden Reizdauer × 10 Übungen] + ([5 Sätze × 30 Sekunden Reizdichte × 10 Übungen] = 41,67 Minuten).

5   Teilaufgabe 5 – Literaturrecherche

In Tabelle 7 werden zwei Studien von den Effekten des Dehnens auf die Bewegungsreichweite bzw. auf die Dehnungsspannung.

**Tabelle 7: Zwei Studien von den Effekten des Dehnens auf die Bewegungsreichweite bzw. auf
die Dehnungsspannung**

	1. Studie	2. Studie
Wer hat die Studie durchgeführt?	Expresion Corporal Area, University of Almería, Spain	Department of Physical Education, College of Health and Human Performance, Brigham Young University
In welchem Jahr wurden die Studien publiziert?	2012	2001
Mit welchen Versuchspersonen wurden die Studien durchgeführt?	58 ältere freiwillige Frauen (Durchschnittsalter von 44,23 ± 8,87 Jahre) die in einer privaten Obst und Gemüse Firma arbeiten	62 Probanden (Durchschnittsalter von 84,7 Jahren, SD = 5-6, Jahre R = 65-97 Jahre) mit einer „Verkürzung" in der Ischiocrurale Muskulatur (Knie kann nicht weniger gedehnt werden im Kniegelenk als 20°). Die Probanden wurden aus einem Altersheimkomplex rekrutiert und sind nicht mehr fähig alleine den Alltag zu meistern.
Wie sah der Versuchsaufbau der Studien aus?	Die Frauen wurden zufällig aufgeteilt in eine Experimentalgruppe (n=27) und in eine Kontrollgruppe (n=31) Die Experimentalgruppe musste für 12 Wochen drei Dehnübungen für die Ischiocrurale Muskulatur machen (Reizdauer pro Übung: 20 Sekunden; Trainingshäufigkeit der Woche: 3-mal pro Woche) Die Kontrollgruppe führte keine Dehnübungen für Ischiocrurale Muskulatur aus. Die Beweglichkeit wurde mit dem Lasègue-Test und Toe-Touch-Test (Zehen berühren) ausgewertet, die sowohl vor als auch nach dem Dehnprogramm durchgeführt wurden. Die Krümmung der Brust- und Lendenwirbelsäule und Beckenneigung wurden zuvor im entspanntem Stand gemessen, der Toe-Touch-Test wird mit dem MediMouse® ausgewertet.	Die Probanden wurden zufällig in vier Gruppen aufgeteilt und mussten einen Fragebogen zu ihren physischen Aktivitäten ausfüllen. Gruppe 1 (n=13, Durchschnittsalter: 85,1 Jahre, SD: 6,4 Jahre, R = 70-97) ist eine Kontrollgruppe und macht keine Dehnübungen. Die zufällig ausgewählte rechte oder linke Ischiocrurale Muskulatur der Probanden der Gruppe 2 (n = 17, Durchschnittsalter = 85,5 Jahre, SD = 4,5 Jahre, R = 80-93), Gruppe 3 (n= 15, Durchschnittsalter = 85,2, SD = 6,5, R = 65-92) und Gruppe 4 (n= 17, Durchschnittsalter = 83,2 Jahre, SD = 4,6 Jahre, R = 68-90) wurde 5-mal die Woche für 6 Wochen 15, 30 oder 60 Sekunden gedehnt. Die Bewegungsreichweite wurde einmal wöchentlich für zehn Wochen um den Behandlungs- und Nachwirkungseffekt zu messen. Die Daten wurden mit einem Wachstumsdatenmodell analysiert
Welche relevanten Ergebnisse lieferten die Studien	Signifikante Verbesserungen (p < 0,01) im Ergebnis des Toe-Touch Tests (beide Beine) der Experimentalgruppe. Die Kontrollgruppe zeigte eine nicht-signifikante Reduzierung beider Testverfahren. Bei der Experimentalgruppe wurde ebenfalls eine Verringerung der Krümmung der Brustwirbelsäule und eine Verbesserung der Beckenneigung vernommen (p < 0,05). Allerdings wurden keine signifikanten Veränderungen in der stehenden Haltung beider Gruppen vernommen.	Eine Dehnung von 60 Sekunden brachte eine bessere Bewegungsreichweite (60 Sekunden Dehnung = 2,4 Grad pro Woche, 30 Sekunden Dehnung = 1,3 Grad pro Woche, 15 Sekunden Dehnung = 0,6 Grad pro Woche) als alle Verbesserungen der anderen Gruppen (Gruppe 4 hatte 5,4 Grad mehr in der Bewegungsreichweite 4 Wochen nach der Behandlung, als im Pretest, im Vergleich zu 0,7 Grad und 0,8 Grad für Gruppe 2 und 3).

	Studie 1	Studie 2
Welche Schlussfolgerung lieferten die Studien	Die Dehnung der Ischiocrurale Muskulatur am Arbeitsplatz ist eine wirksame Methode um die Bewegungsreichweite der Ischiocrurale Muskulatur zu verbessern. Diese Verbesserung erzeugt eine besser ausgerichtete Krümmung der Brustwirbelsäule und eine nach vorne geneigte Beckenstellung, wenn eine maximale Rumpfbeugung durchgeführt wird.	Längere Haltezeiten während der Dehnung der Ischiocrurale Muskulatur führte zu einer größeren und länger anhaltenden Bewegungsreichweite bei den älteren Probanden. Diese Ergebnisse können sich von denen der Studien mit jüngeren Probanden aufgrund der altersbedingten physiologischen Veränderung unterscheiden.
Quellennachweis	Muyor, López-Miñarro & Casimiro (2012)	Feland et. al. (2001)

6 Literaturverzeichnis

ACSM (American College of Sports Medicine) (1998). Exercise Management for Persons with Chronic Diseas and Disabilities (S. 17-86) Champaign, IL: Human Kinetics

ACSM (American College of Sports Medicine) (2011). American College of Sports Medicine position stand. Quantity and quality of exercise for developing and maintaining cardiorespiratory for prescribing exercise. *Medicine and Science in Sports and Exercise* 43 (7), 1334-59.

Chodzko-Zajko, W. J., Proctor, D., N., Fiatarone-Singh, M., A., Minson, C., T., Nigg, C. R., Salem, G., J. & Skinner, J. S. (2009). *Exercise and Physical Activity for Older Adults*. Medicine and Science and Sports and Exercise 41(7), 1510-1530

Dohm-Acker, M., Spitzenpfeil, P. & Hartmann, U. (2008). Auswirkung propriozeptiver Trainingsgeräte auf beteiligte Muskulatur im Einbeinstand. Sportverletzung Sportschaden 22 (1), 52-57

Eifler, C. (2000). *Krafttraining nach der ILB-Methode – Eine empirische Überprüfung der Trainingseffekte bei Anfängern und Fortgeschrittenen.* Diplomarbeit, Universität des Saarlandes. Saarbrücken.

Eifler, C. (2013). *Empirische Überprüfung der Effekte verschiedener Ansätze zur Intensitätssteuerung im fitnessorientierten Krafttraining.* Dissertation, Universität des Saarlandes. Saarbrücken.

Feland, J. B., Myrer, J. W., Schulthies, S., S. Fellingham, G. W. & Measom, G. W. (2001). The effect of duration of stretching of the hamstring muscle group for increasing range of motion in people aged 65 years older. *Physical therapy.*81 (5), 1110-7

Gallagher, D., Heymsfield, S. B., Heo, M., Jebb, S. A., Murogatroyd, P. R. & Sakamoto, Y. (2000). Healthy percentage body fat ranges: an approach for developing guidelines based on body mass index. *American Journal of Clinical Nutrition,* 72 (3), 694-701.

Garber, C.E., Blissmer, B., Deschenes, M. R., Franklin, B. A., Lamonte, M. J., Lee, I-M., Nieman, D. C. & Swain, D. P. (2011). *Quantity and Quality of Exercise for Developing and Maintaining Cardiorespiratory, Musculoskeletal, and Neuromotor Fitness in Apparently Health Adults.* Medicine and Science and Sports and Exercise 43 (7)

Granacher, U., Mühlbauer, T., Taube, W., Gollhofer, A. & Gruber, M. (2010). Sensorimotor training. In: Cardinale, M., Newton, R. (eds) *Strength and conditioning: Biological principles and practical apllications*. Wiley, Chichester; pp 399-406

Glück, S. (2005). *Beeinflussung der Beweglichkeit durch unterschiedliche physische und psychische Einwirkungen*. Dissertation, Universität des Saarlandes. Saarbrücken.

Hohmann, A. Lames, M. & Letzelter, M. (2002). *Einführung in die Trainingswissenschaft* (2. Aufl). Wiebelsheim: Limpert.

Kempf, H.-D. (2014). Stabilisationstrainer und andere instabile Unterlagen. In H.-D. Kempf (Hrsg.), *Funktionelles Training mit Hand und Kleingeräten* (S. 395-426). Berlin: Springer-Verlag.

Janda, V. (2000). *Manuelle Muskelfunktionsdiagnostik* (4. Aufl). München: Urban und Fischer.

Morat, T. (2014, 25. September). *Koordinationstraining*. [Vortrag in der Deutschen Sporthochschule Köln zum Schwerpunktthema „ Wie trainiert man den älteren Körper? – Erkenntnisse aus der Trainingswissenschaft", Köln].

Muyor, J. M., López-Miñarro, P. A. & Casimiro, A. J. (2012). Effect of stretching program in an industrial workplace on hamstring flexibility and sagittal spinal posture of adult women workers: a randomized controlled trial. Journal of Back and Musculoskeletal Rehabilitation, 25 (3), 161-169.

Rancour, J., Holmes, C. F. & Cipriani, D. J. (2009). The effects of intermittent stretching following a 4-week static stretching protocol: a randomized trial. *Journal of Strength and Conditioning Research, 23* (8), 2217-2222.

Schönthaler, S.R. & Ohlendorf, K. (2002). *Biomechanische und neurophysiologische Veränderungen nach ein-und mehrfachen seriellem passiv-statischem Beweglichkeitstraining*. Köln: Sport und Buch Strauß.

Sölveborn, S.-A. (1983). *Das Buch vom Stretching. Beweglichkeitstraining durch Dehnung und Strecken*. München: Mosaik.

Strack, A. & Eifler, C. (2005) The individual lifting performance method (ILP) – a practical method for fitness- and recreational strength training. In J. Gießing, M. Fröhlich & P. Preuss (eds.), *Current Results of Strength Training Research* (pp. 153-163). Göttingen: Cuvillier.

Tillmann, B., N. (2016) *Atlas der Anatomie des Menschen* (3. Aufl). Berlin: Springer Verlag.

World Health Organization. (2017). *BMI classification.* Zugriff am 09.05.2017. Verfügbar unter http://apps.who.int/bmi/index.jsp?introPage=intro_3.html

7 Tabellenverzeichnis